THE ALPHABET CONSTRUCTION TROUBLES

A to Z Upper and Lower Case Letters

Educational Tractors Series
Book 2

M Larson Books
copyright © M Larson Books 2019
ISBN: 978-1-7753218-3-5

All rights reserved.

No part of this publication may be reproduced or stored in a retrieval system, or transmitted in any form or by any means, electronic, mechanical, recording, or otherwise, without written permission of the publisher, M Larson Books, Saskatchewan, Canada. In the case of photocopying, a licence must be obtained from Access Copyright (Canadian Copyright Licensing Agency), 56 Wellesley Street West, Suite 320, Toronto, Ontario M5S 2S3 (1-800-893-5777) or visit www.accesscopyright.ca.

Aa

Aggregate

Bb

Bulldozer

Cc

Cement

Dd

Dump Truck

Ee

Earth

Ff

Fire Extinguisher

Gg

Ground

Hh

Hydro

Ii

Ice

Jj

Jack

Kk

Komatsu

Ll

Loaded

Mm

Mud

Nn

Near Miss

Oo

Overburden

Pp

Packer

Qq

Quandary

Rr

Rock

Ss

Snow

Tt

Track-hoe

Uu

Unsinkable

Vv

Volvo

Ww

Wheels

Xx

eXcavator

Yy

Yellow

Zz

Zone

Also from M Larson Books:

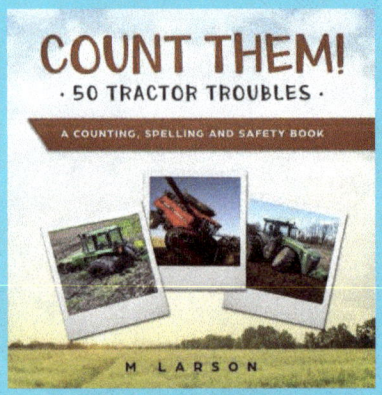
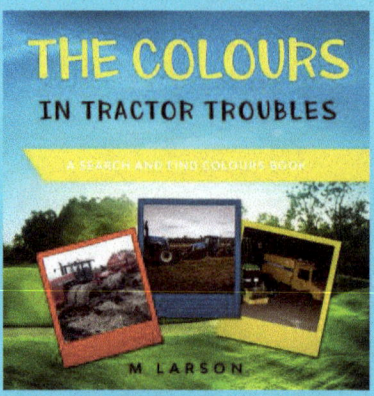
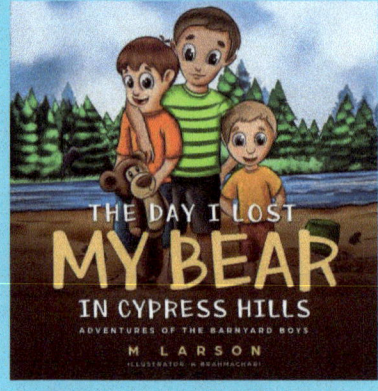

www.mlarsonbooks.com

Photo Credits:

A https://www.pinterest.ca/pin/422001427566104030/
B https://www.facebook.com/ConstructionFcUps/photos/a.1784896401722508.1073741830.1695306030681546/2068507536694725/?type=3&theater
C https://www.facebook.com/ConstructionFcUps/photos/a.1695706037308212.1073741828.1695306030681546/2078924138986398/?type=3&theater
D http://reachfinancialindependence.com/wp-content/uploads/2014/08/rent-lease-equipment.jpg
E https://www.facebook.com/HeavyEquipmentFailsAus/photos/a.1918526918385114/2137426219828515/?type=3&theater
F http://www.miningmayhem.com/2014_01_01_archive.html
G https://www.facebook.com/HeavyEquipmentFailsAus/photos/a.1918526918385114/2004750506429421/?type=3&theater
H http://archives.starbulletin.com/2007/05/27/news/briefs.html
I https://www.facebook.com/ConstructionFcUps/photos/a.1695706037308212.1073741828.1695306030681546/2072179022994243/?type=3&theater
J edge.alluremedia.com.au
K https://www.pinterest.ca/pin/692921092643875216/
L https://www.facebook.com/HeavyEquipmentFailsAus/photos/a.1918526918385114/1961863817384757/?type=3&theater
M http://flickrhivemind.net/Tags/backhoe,stuck/Interesting
N https://franklinhomepage.com/construction-worker-rescued-by-spring-hill-fire-department-after-bridge-collapses/
O https://www.youtube.com/watch?v=t6Hzbw6acG4
P https://www.facebook.com/HeavyEquipmentFailsAus/photos/a.1918526918385114/2004750553096083/?type=3&theater
Q https://www.pinterest.ca/pin/261279215854448108/?lp=true
R https://www.facebook.com/ConstructionFcUps/photos/a.1695706037308212.1073741828.1695306030681546/2001640420048104/?type=3&theater
S https://www.pinterest.ca/pin/692921092643875123/
T https://www.facebook.com/ConstructionFcUps/photos/a.1695706037308212.1073741828.1695306030681546/2062882743923871/?type=3&theater
U https://www.pinterest.com.au/pin/334603447287001312/
V https://www.pinterest.ca/pin/147774431501279997/?lp=true
W https://www.facebook.com/HeavyEquipmentFailsAus/photos/a.1918526918385114/2039820642922407/?type=3&theater
X https://i.ytimg.com/vi/Dp6Jx-D0oHc/maxresdefault.jpg
Y https://www.facebook.com/HeavyEquipmentFailsAus/photos/a.1918526918385114/2195500137354456/?type=3&theater
Z https://www.facebook.com/HeavyEquipmentFailsAus/photos/a.1918526918385114/2137335486504255/?type=3&theater

www.ingramcontent.com/pod-product-compliance
Lightning Source LLC
Chambersburg PA
CBHW051306110526
44589CB00025B/2955